Lutz Mathesdorf (Text und Idee), geboren 1963 in Neumünster, zog 1989 nach Klein Kummerfeld. Von 1986 bis 1991 studierte er Sozialpädagogik in Kiel. Seit 1991 zeichnet er den Comic «Bauer Harms aus Klein Kummerfeld». Er ist verheiratet und hat zwei Kinder. Seine sportliche Laufbahn begann er 1976 als Handballtorwart bei Olympia Neumünster. Seit 1986 fungiert er auch sporadisch als Vorstopper oder Mittelstürmer bei TSV 05 Neumünster.

Volker Sponholz (Zeichnungen und Text), geboren 1966 in Hannover, studierte von 1988 bis 1994 Theaterwissenschaft in Erlangen, seit 1994 Freie Kunst in Kiel. Seit 1994 zeichnet er diverse Comic-Serien für Stadtmagazine und Tageszeitungen.
Seine sportliche Laufbahn begann 1972 bei der SPVG Eidertal, von 1976 bis 1986 war er Linksaußen beim TSV Schilksee. Seither nur noch Freizeitkicker.

BERTIS BUBEN

IDEE + TEXT : LUTZ MATHESDORF
ZEICHNUNGEN + TEXT : VOLKER SPONHOLZ
FARBEN : STUDIO DAN DABEY
MASTER OF BIG APPLEMAC : ÖGYR

DANK AN ANDREA MATHESDORF, HARALD TIEDEMANN UND HANS-HINNERK ROHDE

rororo
ROWOHLT

Originalausgabe
Veröffentlicht im Rowohlt Taschenbuch Verlag GmbH,
Reinbek bei Hamburg, Juni 1996

Umschlaggestaltung Volker Sponholz

Druck und Bindung Clausen & Bosse, Leck
Printed in Germany
1690-ISBN 3 499 13882 4

LOS, OPA! ERZÄHL VON ONKEL BERTI!
O JA, O JA!
NA SCHÖN, KINDER! DANN HÖRT MAL GUT ZU ...

HANS-HUBERT VOGTS, DER BUNDESBERTI, IST 1974 FUSSBALL-WELTMEISTER AN DER SEITE VON KAISER FRANZ GEWORDEN. VON IHM HAT ER NACH DER WM 1990 DAS SCHWERE AMT DES BUNDESTRAINERS ÜBERNOMMEN. WIRD ES UNSEREM BERTI GELINGEN, IN DIE STAPFEN SEINES ÜBERVATERS ZU TRETEN?

LOTHAR MATTHÄUS, REKORDNATIONALSPIELER UND RECHTE HAND DES BUNDESTRAINERS AUF DEM SPIELFELD – WENN ER SPIELT! GEGNER UND PRESSE BEHANDELT ER WIE DEN BALL. LOTHAR IST IMMER DA, AUCH WENN ER NICHT DA IST.

MATTHIAS SAMMER, ER IST DIE LINKE HAND DES BUNDESTRAINERS AUF DEM SPIELFELD. EIGENWILLIG BIS VERBISSEN WILL ER JEDES SPIEL GEWINNEN. DER DEFENSIVE MITTELFELDSPIELER WURDE 1995 ZUM "SPIELER DES JAHRES" GEWÄHLT.

THOMAS HÄSSLER, MEISTENS "ICKE" GENANNT. DER BEI ALLEN BELIEBTE KLEINE IST DER RECHTE FUSS DES BUNDESTRAINERS AUF DEM SPIELFELD. SCHON 1990 SCHOSS ER DAS ENTSCHEIDENDE TOR IN DER QUALIFIKATION ZUR WM IN ITALIEN.

MARIO BASLER, SUPER-MARIO ODER "ITALIEN-BASLER", IST DER DORN IM AUGE DES BUNDESTRAINERS AUF DEM SPIELFELD. VON GENIAL BIS FATAL IST BEI MARIO ALLES DRIN. WAS WÄRE DIE NATIONALMANNSCHAFT OHNE DEN KETTENRAUCHER...

RAINER BONHOF, AUCH ER IST '74 FUSSBALLWELTMEISTER GEWORDEN. DER ASSISTENZTRAINER IST DIE HALBLINKE ACHILLESFERSE UNSERES BUNDESBERTIS. IHM OBLIEGEN SONDERAUFGABEN WIE TRIKOTS WASCHEN, SCHUHE PUTZEN, KAFFEE KOCHEN. EIN WAHRER SPEZIALIST!!

ES BEGAB SICH ABER ZU DER ZEIT, DASS EIN GEBOT VON BERTI AUSGING, ALLE MÖGEN ZU IHM KOMMEN. UND ALLE KAMEN: DIE ABWEHRSPIELER, DIE STÜRMER, DIE TORHÜTER UND DIE MITTELFELDLER ...
SPORTHEIM
SCHRON
mots - SCHOKORIEGEL
ODIDOS

ALLE MAL HERKOMMEN! ABER SCHNELL JETZT!!
JA, CHEF!
SNIF
ehrensache

JUNGS! VERGESSEN WIR DIE WM IN AMERIKA! VERGESSEN WIR DIE SCHMACH VON NEW YORK...
VERGESSEN WIR B-B-BUL-... SCHNIEF!
ES SOLL AUFGEHEN ZU NEUEN UFERN! ES SOLL AUFGEHEN ZUR EUROPA-MEISTERSCHAFT, NACH ENGLAND!!
?
ÄH... HERR VOGTS? WO LIEGT EIGENTLICH DIESES ENGLAND?
WER WILL DAS WISSEN?!
RAAAiiNER!!
?!
JA, CHEF!
SCHREIB AUF, RAINER: MEHMET SCHOLL NÄCHSTES SPIEL NICHT EINSETZEN!

NOCH JEMAND FRAGEN ??
M...E...H... N?NÖ:M... E...D...
NÖ!
NIE!
WIESO FRAGEN
JA, ICH..
KNUFF
TRET!
KRITZEL!
ALSO, JUNGS: NUN BEGINNT DIE QUALIFIKATION ZUR EUROPAMEISTERSCHAFT 1996...
BERTI SACHT, ICH BIN NUMMER EINS!
ICH WILL NUMMER EINS WERDEN ANSTELLE DER NUMMER EINS!
ICH BIN'S, EUER ALLER KLINSI!
1
12
WIR ALLE WISSEN, WAS DAS HEISST! DAS HEISST NICHT NUR ARBEITEN, SONDERN AUCH...
NA, HEINTJE, WOLLEN WIR MAL WIEDER VERSAGEN? HEHEHE!
HASSU DAS GEHÖRT, STEFFEN? :SCHNIEF!: WAS MEINT ER DAMIT??
RUHIG, ANDI, ES FÄNGT DOCH ERST AN!
WAS WILLST DU DENN MIT DEM PODEST, LOTHAR?
DA STELL' ICH MICH DRAUF! DANN SIEHT JEDER, DASS ICH HIER DER CHEF BIN!
SCHEF
...ZAUBERN. ABER NICHT NUR ZAUBERN, SONDERN AUCH KÄMPFEN! ICH WILL DAMIT SAGEN,...
ULF, CHRISTIAN, HEBT MICH DOCH MAL HOCH, DAMIT ICH AUCH IM BILDE BIN.
:GRUNZ!:
LEIH' DIR DOCH DAS PODEST VON LOTHAR, ICKE!
DAS REICHT NICHT...
?
HALLO? ICH HAB' MICH JETZT REINGESCHLICHEN. WAS SOLL ICH JETZT MACHEN?
ZEIG DICH DEN JOURNALISTEN UND LÄCHEL, DU DÖSKOPP! DAS STEIGERT DEINEN MARKTWERT ENORM!!

NUN IST SCHLUSS!!
AUF ZU DEN WICHTIGEN DINGEN IN DER QUALIFIKATION!
EINFACH KOMMEN LASSEN, ALTER!
JOU!
GRUNZ!

DAS IST DER BALL! DER BALL IST RUND!!

ELF FREUNDE MÜSST IHR SEIN!! JETZT ALLE!

DER BALL IST RUND!
DEN HAU' ICH WECH!
SCHEFF!

ELF FREUNDE MÜSST IHR SEIN !!
UND EIN BASLER...
NICHT "IHR"! "WIR"! IHR MÜSST DOCH "WIR" RUFEN, JUNGS!
?SEUFZ!?
WIR! WIR!!
GUT SO! UND JETZT AB ZUM DUSCHEN, DANACH INTERVIEWS GEBEN. ES GEHT LOS!

EINIGE TAGE DANACH ...

CHEF! CHEF!! CHRISTIAN ZIEGE HAT SICH VERLETZT!
HEUL!
NA UND? GLAUBST DU, ICH FALLE AUF DIESE KLEINEN PSYCHOLOGISCHEN TRICKS HEREIN??
FRANK CITY
ZUM FLUGZEUCH...
DAS IST ES! EIN SPIELERSCHWUR! WIR BRAUCHEN EINEN SPIELER-SCHWUR FÜR VOR DEM SPIEL! DAS HÄLT ZUSAMMEN UND HEBT DIE STIMMUNG!
ODER MIT: "DIE HAU'N WIR WECH!"
O JA! WIE WÄR'S MIT "ZICKE, ZACKE, HÜHNERKACKE"?!
ICH DENK MIR WAS AUS...
STÖHN!
CHEF!... HÄSSLER IS' WEG! SIE HABEN DIE TASCHE AUS VER-SEHEN NACH BURKINA FASO GESCHICKT...
SOLL JA 'NE HÜBSCHE GEGEND SEIN.
TIRANA CITY

Bertis Buben mit Mühe

Mühevoller 2:1 (1:1) Sieg gegen Albanien - Klinsi und Kirsten trafen

Tirana/Frankfurt (spo) Glanzlos, aber erfolgreich startete die deutsche Fußball-Nationalmannschaft in die Europameisterschafts-Qualifikation. Unser aller Klinsi und der Leverkusener Ulf Kirsten sicherten den Sieg auf dem Acker des Quemal-Stadions.

Bereits vor dem Spiel hatte der Bundesberti gesagt: "In Tirana kann man nicht glänzen, sondern nur siegen." Diesen Satz hat er sich natürlich nicht selbst ausgedacht; gewöhnlich gut unterrichtete Kreise berichten, der Kaiser selbst habe ihm diesen Satz wenige Minuten vorher beigebracht. Dagegen soll Vogts' bodenständiger Kommentar nach dem Spiel ("Nur der Sieg zählt!") seine Ursprünge bei Heribert Faßbinder haben.

Glück hatten unsere Elitekicker in der letzten Spielminute, als ein Freistoß des Albaners Pano am deutschen Pfosten endete. Reservekeeper Oliver Kahn kommentierte diese Szene so: "Nur Glück hat der Köpke da gehabt! Ich hätte den Ball gehalten!" So blieb den 23.000 Zuschauern nach dem Ausgleichstreffer durch Zmijani (33.) eine weitere Freude verwehrt.

Dem frühen Wunschtor durch Klinsmann (18. Min.), der eine Flanke von Stefan Reuter reinmachte, folgte ein lange Zeit konfuses Rumgekicke beider Teams. Kurz nach der Pause traf dann Kirsten nach einer eher zufälligen Kombination zwischen Struntz und Klinsmann. Sein Kommentar: "Grunz!" Einziges Schokostückchen im deutschen Fußballkeks war einmal mehr Lothar Matthäus, der in seinem 120. Länderspiel auf einem Podest sehr viel besser zu sehen war als der Rest des Teams - Glückwunsch!

H.C.L.

Jürgen Klinsmann (links) köpft das Tor zum 1:0 für die deutsche Mannschaft; der Albaner Salvado Kacaj kann nicht mehr eingreifen. (Foto:spo)

CHEF, WIR-... WAS IST DAS DENN?
DIESES WÖLKLEIN BEHAUPTET, DER GEIST VON FRANZ BECKENBAUER ZU SEIN...
SERVUS!
HEY, JUNGS! DIE SACHE MIT DER QUALIFIKATION IST GERITZT: DER GEIST VON FRANZ BECKENBAUER SCHWEBT ÜBER'M TRAINER!
?
!
ICH MUSS MIR EINEN NEUEN SCHWUR FÜR DAS MOLDAWIENSPIEL EIN-FALLEN LASSEN...
WIE WÄR'S, WENN DU MEHR WERT AUF DIE TUGENDEN LEGEN WÜRDEST! UND FÜR WEN IHR SPIELT.
DU MEINST KÄMPFEN!
ZUM BEISPIEL...
BOMM!

?
KRITZEL
SCHON NICHT SCHLECHT... "WIR WOLLEN KÄMPFEN, KÄMPFEN, KÄMPFEN FÜR GOTT, DEUTSCHLAND UND DEN BAUMARKT HERMANN EHLERS IN HERZOGENAURACH"...
PAPA BEKOMMT DA PROZENTE...
Jubiläum für Bundesberti
Kirsten, Klinsi und Matthäus beim 3:0 (2:0)-Sieg gegen Moldawien erfolgreich
Chisinau (spo) Zu seinem 50. Länderspieljubiläum konnte Bundestrainer Hans-Hubert Vogts ein Fläschlein köpfen. Auch das zweite EM-Qualifikationsspiel gegen Moldawien (wo liegt das eigentlich?) wurde in überzeugender Manier mit 3:0 (2:0) gewonnen. Im Stadionul Reublican in Chisinau (oder so ähnlich) beeindruckte die deutsche Elf mit kompakter Abwehr, virtuosem Mittelfeld und effizientem Sturm. Der Halbzeitführung durch Kirsten (7.) und Klinsmann (38.) ließ der Käpt'n Matthäus selbst das 3:0 folgen (72.). Und wenn die Pappnasen Häßler und Möller nicht solche Krummfüße hätten, wär es mindestens 6:0 ausgegangen. Isses aber nicht! Na, in vier Tagen gibt's ja schon wieder ein Spiel - gegen Albanien. Also wenn's da nicht kracht, dann weiß ich auch nicht. Hauptsache bleibt jedoch das Pausenbier, und da geht ja nix über ein Fitburger!
Marcel Pfeif
SIE KÖNNEN JETZT IHRE NÄCHSTE FRAGE STELLEN!
LIEBER BERTI, KANN MAN SAGEN, DASS SICH DIE VERLETZUNG VON KOHLER NICHT AUSGEWIRKT HAT UND DASS DIE MANNSCHAFT AUCH OHNE IHN BEWIESEN HAT, DASS SIE DURCHAUS IN DER LAGE IST, IHN ZU ERSETZEN, WOBEI DREI CHANCEN, DREI TORE EINE HUNDERTPROZENTIGE CHANCENAUSWERTUNG...
SPÄTER...
...ALLERDINGS, WELCHE STATISTIK STIMMT SCHON. NACH DER STATISTIK IST JEDER VIERTE EIN CHINESE, UND ES HAT DOCH KEIN CHINESE MITGESPIELT. SO KANN MAN WOHL SAGEN, DASS DIE MOLDAWIER ERSCHRECKEND HARMLOS WAREN, AUCH DASS WIR AUS FAKTISCHEN GRÜNDEN SOGAR DIE REIFERE MANNSCHAFT...BLABLA
WER HAT HERIBERT FASSBENDER BLOSS HIER REINGELASSEN...?

LANGE REDE, KURZER SINN: GEGEN ALBANIEN VERSPRECHE ICH EUCH EIN TOLLES FUSSBALLFEST!!
FEST? BIER? WEIBER? ICH BIN DABEI!!
DAVON HAST DU MIR NIX GESAGT!
LODAA
Helmuts Lieblingsbesti
MASTER OF CLEAN SHOE

Das war wohl nix, Berti!

Laues 2:1 (2:0) gegen Albanien - Berti bald raus?

Kaiserslautern (spo) - "Wir haben unser Ziel verpaßt, guten Fußball zu bieten." Das kann man wohl sagen, Herr Bundesberti! Wegen des lauen Gekickes bleibt Bulgarien Tabellenführer in der EM-Qualifikationsgruppe 7.

Trotz früher Führung durch einen Foulelfmeter, den Lothar Matthäus einlochte (8.), und einmal mehr durch Jürgen Klinsmann (17.), war von dem angekündigten "Fußball-Fest" nicht viel zu sehen. Nach dem Anschlußtreffer durch den Freiburger Rraklli (58.) mußten die 20.310 Zuschauer im Fritz-Walter-Stadion sogar noch um den fest geplanten Sieg bangen.

"So, wie wir in der zweiten Halbzeit gespielt haben, wird es sehr schwer, sich für die Europameisterschaft zu qualifizieren" - hier irrt Berti Vogts! Mit dieser Leistung wäre es schlicht unmöglich, auch nur den Regionalligavertreter Holstein Kiel zu bezwingen, und da wird's richtig bitter. Immerhin ist das jahr bald zuende, es kann nur noch besser werden! O.P.

Foto: Splatter -Design

Jürgen Kohler klärt unerbittlich gegen Albaniens Rraklli

NACH DIESER LEISTUNG MÜSSEN WIR UNS AN UNSERE EIGENE NASE FASSEN!
LEITWOLF
SCHOLL
ALSO, IRGENDWIE FIND' ICH DIE NEUEN TRAININGSMETHODEN VON UNSER'M KÄPT'N NICHT SEHR ERFOLGVERSPRECHEND...

NA, SÜSSE !
FINDSTE NICH', ER WIRD IMMER WUNDERLICHER.
WART'S AB....
LEITWOLF
HRGS!
KICK!
EIDWOLF
KLONG!
LEITWOLF LOTHAR
UARGS!!

ICH BIN VERLETZT! ICH BIN VERLETZT!!
HiHiHi!
ICH HAB' ES, ICH HAB' ES! WER AUF DEM PODEST STEHT, IST DER CHEF!!
LODAAS SCHEFF
ICH WILL ES!
GIB' HER!
MIR!
MEIN SEIN!
NEIN, MIR!
WAS IST DENN HIER LOS...?!
RAAAiiiNER!!

DAS KANN JA WOHL NICHT ANGEH'N HIER! DU BIST RAUS FÜRS NÄCHSTE SPIEL, MATTHIAS! DU AUCH, ULF! UND DU AUCH, CHRISTIAN! UND DU SOWIESO, ANDI! KEINE MÄTZCHEN MEHR!
ABER ICH HAB' DOCH GAR NICHTS GEMACHT, TRAINER ... SCHLUCHZ
SNIF!
HM ... NA GUT! ABER DAS WAR DAS LETZTE MAL, ANDI! UND DASS DU MIR LEISTUNG ZEIGST!!

...ENGLAND....
...ENGLAND...
DU BIST AUCH RAUS FÜRS NÄCHSTE SPIEL, MEHMET!
DIERCKE
ABER WER SOLL DENN DA NOCH SPIELEN GEGEN GEORGIEN?
DAS LASS' GEFÄLLIGST MEINE SORGE SEIN! GEH' SCHUHE PUTZEN!!
Tsiege nich
Scholl auch nich
HMMM...
HALLO? HALLO, HERR SPIELERBERATER! JA, ICH BIN JETZT HIER. WAS SOLL ICH MACHEN?
......
NEIN, SIE HABEN IMMER NOCH NICHT GEMERKT, DASS ICH GAR NICHT EINGELADEN BIN.
....
WARTEN SIE, DA KOMMT DER TRAINER!
DU SPIELST, HEIKO!

ER HAT GESAGT, ICH SPIELE !!
DEIN MARKTWERT! DEIN MARKT-WERT!!
HAT MAL EINER FEUER?
KLICK!
DANKE, ICKE!
KEINE URSACHE!
DU SPIELST!
DU SPIELST!
DU SPIELST!
WAS DENN SONST!
UND DU SPIELST NICHT, ICKE!

"Heintje" Möller am Tiefpunkt - Nationalelf weiter ohne Punktverlust

Klinsmann und "Super-Mario" Basler die Gewinner des Tages

Tiflis (spo) Mit einem glanzlosen 2:0 (2:0) gegen Georgien behält die deutsche Nationalelf die Tikkets zur EM-Endrunde in England weiter fest im Visier. Einmal mehr Jürgen Klinsmann war mit seinen beiden Treffern (24./45.) Garant des Erfolgs. Aber vor allem Mario Basler glänzte als Ideengeber und nutzte seine Freiheiten auf der rechten Seite. Damit stellte er Andreas Möller, der eine saft- und kraftlose Vorstellung bot, klar in den Schatten.

Vor 75.000 Zuschauern im ausverkauften Nationalstadion hatte die deutsche Elf zunächst Glück, als ein Distanzschuß von Gogitschaischwili (kurz "Willi") von Libero Helmer noch zur Ecke abgefälscht werden konnte (2.). Doch als Basler eine Ecke präzise auf das goldbelockte Haupt des Jürgen Klinsmann flankte, konnte dieser prompt die Führung bejubeln. Dennoch gab es in der Folgezeit vor allem für Andreas Köpke Arbeit, der gegen Arweladse (26.) und Kinkladse (29.) sein ganzes Können aufbieten mußte. Kurz vor dem Halbzeitpfiff sorgte "Klinsi" dann für die Vorentscheidung.

Nach der Pause konnten sich Freund und Babbel noch gut in Szene setzen, aber es sprang nichts Zählbares mehr heraus. Debütant Heiko Herrlich konnte mit seiner Leistung nur mäßig zufrieden sein. Zwar bereitete er das 2:0 vor, doch wirkte er im Abschluß oft mehr als unglücklich. Völlig aus dem Rahmen fiel Mimose Andi "Heintje" Möller, der jedem Zweikampf aus dem Weg ging und auch die in ihn gesteckten Erwartungen als Regisseur zu keiner Zeit erfüllen konnte.

S.I.E.

Foto: Eisenbenkel

Gegen Georgien erzielte Jürgen Klinsmann beide Treffer: Hier schraubt er sich hoch und trifft per Kopf zum 1:0

MAMAAA!

DU SOLLST DOCH NICHT
UM DEINEN JUNGEN WEINEN...

STEFFEN...
STEFFEN!!
KOMM' HER,
SCHNIEF!
SEI MEIN FREUND!!

BUHUUUH, ICH HAB' JA SOOOO SCHLECHT GESPIELT, STEFFEN. DER TRAINER WIRFT MICH BESTIMMT RAUS! KEINER WILL MICH! KEINER HAT MICH LIEB!
ANDI, DU GEHST ALLEN AUF DIE NERVEN. KEINER HÄLT DEIN GEJAMMER AUS! MACH 'NE SCHWALBE, ANDI!!
EINE SCHWALBE!
... DER BALL IST RUND...?
HATTEN WIR SCHON!
SEPP HERBERGER MEIN LEBEN
HALLO, ANDI!
AAAARGH!
HOPS!

...ELF FREUNDE MÜSST IHR SEIN ...?
HATTEN WIR AUCH SCHON!
...EIN FRÜHES TOR!
DAS IST GUT! "WIR BRAUCHEN EIN FRÜHES TOR!"
NA, WIE WAR ICH, JÜRGEN?
SEPP HERBERGER
SEPP HERBERGER
MEIN
IM SPIEL GEGEN WALES MUSS EIN FRÜHES TOR FALLEN! SIE KÖNNEN DAS RUHIG SO SCHREIBEN, MEINE DAMEN UND HERREN!
ODIDOS

Bertis Notelf enttäuschte

Bitteres 1:1 (1:1) gegen Wales - Nur Herrlich traf

Düsseldorf (spo) Einen herben Rückschlag gab es für Bundestrainer Hans-Hubert Vogts und seine Buben in der Qualifikation zur Europameisterschaft 1996 in England. Während Konkurrent Bulgarien in Moldawien 3:0 gewann, kam die deutsche Nationalelf über ein 1:1 (1:1) gegen Angstgegner Wales nicht hinaus. Ohne Matthäus, Sammer, Kohler, Helmer und den wegen seiner Schwalbe gesperrten Andi Möller. Sollte der amtierende Ex-Weltmeister nur Gruppenzweiter werden, droht gar ein Relegationsspiel, aber das weiß keiner so genau.

Bereits in der achten Spielminute schockte Dean Saunders das deutsche Team, als er nach einem langen Paß von Coleman unserem Andi Köpke das 1:0 reintat - wat'n Ärger! Unsere Jungs hatten dann zwar Chancen - vor allem Herrlich und Klinsmann -, aber die hatten offensichtlich verwachst. Als der bekennende Christ Heiko Herrlich in der 41. Minute einen 50-Meter-Paß von Ralf Weber direkt zum Ausgleich verwandelte, rechneten die 44.000 Zuschauer mit weiteren Treffern, zumal die Waliser denkbar harmlos agierten. Aber siehe da, nix passierte. Die vorhandenen Chancen wurden kläglich versemmelt. Vogts reagierte und bescherte Mehmet Scholl sein langersehntes Länderspieldebut. Doch der Bayern-Spieler konnte keine Akzente mehr setzen, im Gegenteil: Auffällig war vor allem, daß er ständig seine Gegenspieler fragte, ob sie aus England kämen. Sichtlich erbost wollte Trainer Berti Vogts ihn gleich wieder auswechseln, doch im Eifer des Gefechts holte Assistent Rainer Bonhof aus Versehen Ziege vom Spielfeld. Der für ihn gekommene Stefan Kuntz konnte auch nix mehr reißen, so blieb's beim enttäuschenden Unentschieden O.B.

VON WEGEN FRÜHES TOR... DAS HABEN NU' LEIDER DIE WALISER GESCHOSSEN!
DU HAST HALT NICHT GESAGT, WER DAS TOR SCHIESSEN SOLL.
WAS DENN?
MEINE HERR'N, SUPER!! HAST DU MEIN TOR GESEH'N, MARKUS? WO IS' JETZT DIESES BLÖDE HANDY...?! DAS HAT BESTIMMT MEINEN MARKTWERT ERHÖHT.....
AH, DA ISSES JA!
HMMM...
HALLO? ... HALLO, HERR SPIELERBERATER, HABEN SIE DAS TOR GESEH'N??
JAJA, SCHON GANZ NETT... – ABER AN DEINEM TORJUBEL MÜSSEN WIR NOCH FEILEN! KANNST DU SALTO??

ODIDOS
PARIS
-INC.
LEST
SCHMITZ &
HOLZWURM GREGOR
MOSSAD

GEHEIM-
TRAINING
WEISS
Deo
Single?? Lolita anrufen
MAD!
TSV SCHILKSEE
KAUFT:

TELEGEH
Peter Bursch is doof!
Manni
HALLO ... HIER KLINSMANN! CODE: "HAUT DIE BULGAREN IN DIE PFANNE!" SAGT MAL, WIE KOMM ICH JETZT ZUM GEHEIM-TRAINING? AN DER BÜCKEBURGER RECHTS ODER LINKS?
NATÜRLICH HAB' ICH DIE GEHEIMNACH-RICHT IN MEINEM FRÜHSTÜCKSBRÖTCHEN GEFUNDEN ... JA, HEUTE MORGEN ... ... JA, NATÜRLICH HEIMLICH!
ABER SIE HAT SICH NACH DEM LESEN SOFORT SELBST ZERSTÖRT ...
ALSO: BÜCKEBURGER NACH RECHTS ... DANN IN DIE FRITZ-WALTER-STRASSE!
HUSCH

HALLO? ...
HIER MÖLLER!
TELEGEH
AAANDI MÖLLER!
WIR SOLLTEN GEGEN BULGARIEN TEMPERAMENTVOLLER AUFTRETEN. GUCK DIR DOCH MAL ALL DIESE LUSCHEN AN!
SAG MAL, THOMAS, DIESER EMIL KOSTADINOV, DER SOLL DOCH MIT DEINER FRAU SO O LA LA...
PATSCH!
PATSCH!
PATSCH!
WAS HAT DER ??
IS' JA SCHON GUT.
SIEHST DU? DAS NENN' ICH MOTIVATION!!
SCHAUN MER MAL...

Zwei Elfmeter vereitelten WM-Revanche

Bulgarien beim 3:2 (1:2) ein glücklicher Sieger - Qualifikation jetzt gefährdet

Sofia (spo) Wie schon im WM-Viertelfinale 1994 verspielte das Team von Bundestrainer Berti Vogts innerhalb von drei Minuten einen scheinbar sicheren Vorsprung und verlor nach einer 2:0-Führung noch mit 2:3. Vor 60.000 Zuschauern hatte es nach Treffern von Klinsmann (18.) und Strunz (44.) noch so gut ausgesehen. Aber zwei unnötige Fouls im deutschen Strafraum bescherten den Bulgaren den Ausgleich durch zwei Elfmeter von Stoitchkov, ehe Bayern-Spieler Emil Kostadinov in der 69. Minute gar den Siegtreffer erzielte.

Foto: Broken Egg

Helmer foult Kostadinov; später gab er zu, in dieser spielentscheidenden Szene „etwas ungeschickt" gehandelt zu haben.

Nun wird's richtig eng mit der EM-Qualifikation für das deutsche Team. Bereits fünf Punkte liegt man hinter den Bulgaren zurück, selbst bei einem Sieg im Rückspiel wäre man nur Zweiter. Dabei fing alles so gut an: Schon nach wenigen Minuten scheiterte Mario Basler freistehend an der Breite des Tores. Statt sich zu ärgern zückte er eine Fahne der verbotenen Gewerkschaft "Torvergrößerung jetzt!" und stieß einen Urschrei aus. Dennoch war "Super-Mario" sich nicht zu schade, Klinsis Führungstreffer mustergültig vorzubereiten (18.). In der folgenden Drangperiode der Bulgaren zeigte Andreas Köpke, daß er die einzig wahre Nummer Eins im deutschen Tor ist. Überraschend fiel dann das 2:0 durch Strunz, der Keeper Michailov mit einem Heber von der Strafraumgrenze überwand. Doch schon eine Minute später foulte der frischgebackene Torschütze seinen Gegenspieler Balakov im Strafraum (45.), den Elfmeter verwandelte Stoitchkov sicher.

Nach der Pause "erlag" das deutsche Team dem permanenten Druck der Bulgaren. Bitter war diese Niederlage durch die beiden vermeidbaren Elfmeter, die den Bulgaren den Ausgleich ermöglichten. Vor allem das Foul von Thomas Helmer (66.) erschien völlig unmotiviert. Darauf angesprochen sagte er: "Das war wirklich dumm von mir". Bundestrainer Berti Vogts dagegen verweigerte jeglichen Kommentar zu dieser Szene und sagte: "Das werden der Thomas und ich in Ruhe klären". Auf die Frage, ob er bereits einen Bulgarien-Komplex habe, sagte Vogts unter Tränen: "Diese Frage werde ich nach dem Rückspiel in Berlin beantworten".

TAP! TAP! TAP!
GULP
THOMAS!! BIST DU WAHNSINNIG GEWORDEN? WARUM HAST DU DEN KOSTADINOV IM STRAFRAUM GEFOULT??
ZUGEGEBEN, TRAINER, DAS WAR SEHR DUMM VON MIR! ALLERDINGS MACHT DER EMIL BEI KEINER FRAU MEHR SO O LA LA ...
??
PATSCH! PATSCH! PATSCH!

BUUHUHUUUU!!
BULGARIEN DARF NICHT MEIN SCHICKSAL SEIN! VERGISS NEW YORK, HANS-HUBERT... VERGISS BU-BU-BUHUHUUU!
BUHU-??
TELEFON FÜR SIE, HERR... ÄH, VOGTS!
BERTI?
HALLO?

HALLO, BERTI ! HIER SPRICHT DEIN DICH LIEBENDER KANZLER VON DIESEM MEINEM ... UPS! ... ÄH - UNSEREM LAND. LIEBER BERTI, WAS IST DENN DA GESCHEHEN IM LAND DER RUMÄNEN?
B-BULGAREN, HELMUT, B-BU-BULGAREN!
41

IST JA AUCH EGAL, BERTI. ICH MÖCHTE DIR NUR SAGEN, DASS ICH, UND DAMIT AUCH DAS DEUTSCHE VOLK, VOLL HINTER DIR STEHEN. UND DENK' DRAN: NÄCHSTEN SONNTAG BEI MIR IN OGGERSHEIM! HANNELORE HAT SAUMAGEN GEMACHT!
DANKE, HELMUT!

ICH WILL ERSTER TORWART WERDEN ANSTELLE DES ERSTEN...
KANNST DU MIR MEINE EINWECHSLUNG ERKLÄREN, MARIO?
DAS WAR EINE PSYCHOLOGISCH WICHTIGE AKTION DES TRAINERS FÜR UNSEREN STURM, ULF!

AU?!
!
PSYCHOLOGISCH WICHTIG ???
ICH BIN IN DER 90. MINUTE EINGEWECH-SELT WORDEN UND HAB' NICHT MAL DEN BALL BERÜHRT...
DA SIEHST DU MAL, WIE ENORM WICHTIG DU UNSEREM TRAINER BIST!
TRET!

DITSCH!
DITSCH!
KLOMP!
TRET!
KNACK
JAUL!
ZOING!
EYH, JÜRGEN !?
VERDAMMT, JÜRGEN, DENKST DU DENN ÜBERHAUPT NIE AN DEINEN MARKTWERT ??

ICH GLAUB', ICH MUSS MAL MIT JÜRGEN SPRECHEN...
KAUFT "BAUER HARMS AUS! KLEIN KUMMER
AUF MALLORCA"
STUDIO DAN
DABEY

JÜRGEN! KOMM MAL HER!!
?
!
JÜRGEN, DU WEISST, DASS ICH DICH MAG. ABER WENN DU SO WEITERMACHST, GEHEN MIR DIE SPIELER AUS! KANNST DU DICH NICHT EIN WENIG ZURÜCKHALTEN? WENN DU DICH ABREAGIEREN WILLST, MACH'S WIE ICH: SCHREIB' GEDICHTE, JÜRGEN, GEDICHTE!
DICHTER?

UND WAS JETZT? NA SAG' SCHON, DU BLÖDE WOLKE!! DU BEHAUPTEST DOCH IMMER, DER GEIST VON FRANZ BECKENBAUER ZU SEIN.
WIE HABT IHR DAS DENN 1990 GEMACHT, ALS IHR WELTMEISTER GEWORDEN SEID? HÄ??
DA BLEIBST DU STUMM! TOLL!! IMMER KLUGE SPRÜCHE KLOPFEN, ABER WENN'S DRAUF ANKOMMT, WEISST DU AUCH NICHT WEITER!
ÄH... WAS HAST DU GESAGT? ENTSCHULDIGE, ABER ICH GEB' HEUTE EIN INTERVIEW IN "RAN" ÜBER DIE NATIONALMANNSCHAFT, DA MUSSTE ICH NOCH AM TEXT ARBEITEN... SCHREIBT MAN "KATASTROPHAL" EIGENTLICH MIT "F" ODER MIT "PH"??
O MANN!! ICH BRAUCH JETZT WIRKLICH HILFE, UND DU FÄLLST MIR IN DEN RÜCKEN. WENN WIR GEGEN GEORGIEN NICHT GEWINNEN, IST ALLES AUS!
VERSUCH'S MAL MIT DEM PAUSENTEE!
PAUSENTEE??

JA! VOR DER WM SIND WIR VON DER CEYLON-ASSAM-MISCHUNG AUF OSTFRIESENTEE UMGESTIEGEN. DAS HAT GE-HOLFEN, UND WIE!
DEIN KAMILLENTEE IST DOCH NUR EIN-SCHLÄFERND UND HARNTREIBEND. SCHAU DOCH NUR, WIE DIE JUNGS DIE ZWEITE HALBZEIT MIT ZUSAMMENGEKNIFFENEN BEINEN RUM-LAUFEN. DA MUSS MEHR POWER REIN!! VER-SUCH'S MAL MIT EARL GREY; DER TREIBT ERST NACH EINER STUNDE, NACH DEM SPIEL!
EARL GREY!!
RAINER, HÖR MAL: ICH WEISS, DASS DU AUF DEINEN PAUSEN-TEE BESONDERS STOLZ BIST.
KOCH!
BRODEL
ABER ICH HAB' MIR DA SO MEINE GEDANKEN GEMACHT... ICH DENKE, WIR SOLLTEN MAL WAS NEUES AUSPROBIEREN!
AUF-GIESS!
ICH WEISS, VIELE LEUTE MEINEN, TEE SEI TEE! ABER VIELLEICHT SOLLTEN WIR MAL EARL GREY PROBIEREN STATT DEINES SELBST-GEMACHTEN KAMILLENTEES. KOMM, RAINER, NIMM'S NICHT PERSÖNLICH... OKAY?
BIS DANN, RAINER!
WIESO KAMILLENTEE??
BRENN SPIRI TUS

Bertis Buben wieder auf EM-Kurs

Nach überzeugender zweiter Halbzeit 4:1-Sieg gegen Georgien - Bulgarien patzte in Albanien

Nürnberg (spo) - Viele hatten Berti Vogts schon ein Ende seiner Trainerlaufbahn prophezeit, eine Niederlage gegen Georgien sollte ihm den Rest geben - doch weit gefehlt! Eine "hervorragende zweite Halbzeit" (Thomas Häßler) bescherte dem deutschen Team wieder alle Möglichkeiten, die EM-Qualifikation aus eigener Kraft zu erreichen. Da die Bulgaren beim 1:1 gegen Albanien unerwartet Federn lassen mußten, ist sogar der Gruppensieg wieder in greifbare Nähe gerückt, und Hobbydichter Vogts bleibt unangefochten Trainer seiner Buben.

Foto: Axel Apathicus

Marcus Babbel erzielt sein erstes Länderspieltor für Deutschland (72.), Georgiens Torhüter Dewadse streckt sich vergeblich.

Vor 44.000 Zuschauern im ausverkauften Nürnberger Frankenstadion hatte die dezimierte deutsche Elf zunächst alle Mühe mit den spritzig aufspielenden Georgiern. Die Ausfälle von Sammer, Reuter, Köpke, Basler und Herrlich hinterließen deutlich Lücken im deutschen Spielgefüge. Als Kezbaja (28.) zum 0:1-Rückstand traf, rückte England '96 in weite Ferne. Doch Möllers Ausgleichstreffer (39.) ließ noch vor der Pause wieder Hoffnung aufkeimen. Nach dem Wechsel kamen Bertis Mannen wie verwandelt aus den Kabinen. Die Georgier wurden plötzlich souverän in Schach gehalten, in der Offensive gab es zunehmend Chancen. Die Treffer von Ziege (57.), Kirsten (62.) und Babbel (72.) waren nur zählbarer Ausdruck der Überlegenheit des deutschen Teams.

Bereits am Nachmittag hatte der Freiburger Altin Rraklli den Deutschen sogar die Hoffnung auf den Gruppensieg zurückgegeben. Sein Treffer zum 1:1 Albaniens gegen die führenden Bulgaren könnte in der Endabrechnung entscheidend werden. Alles deutet darauf hin, daß es am 15.11.95 im Berliner Olympiastadion zu einem echten Endspiel um den Gruppensieg kommt.

F.J.S.

EUTSCHE
NNSCHAFT
RiiiESIG, JUNGS, SUPER, IHR.....-

JUNGS? WO SEID IHR DENN ALLE??

MEINE GÜTE, HAST DU HEUTE SCHLECHT GESPIELT!
ICH HAB' NUR VERSUCHT, FAIR ZU SPIELEN...
ICH BIN ERSTER TORHÜTER ANSTELLE DES ERSTEN!
SAGT MAL, WAS WAR DENN DAS FÜR'N PAUSENTEE?
HOFFENTLICH BIN ICH ZUM MOLDAWIENSPIEL HIER WIEDER RAUS...

Endlich Tore: 6:1-Sieg gegen Moldawien

Müheloser Sieg bewahrt Chance auf Gruppensieg - aber noch nicht endgültig qualifiziert

Leverkusen (spo) - Heuraka, das war doch mal was! Endlich bot ein Länderspiel mal mehr als erwartet. Wann hat man zuletzt sechs Tore in 90 Minuten von einer bundesdeutschen Nationalmannschaft gesehen ?! Wird jetzt noch nächsten Mittwoch gegen Wales gewonnen, ist der Gruppensieg wieder ganz nah.

Das DFB-Team steuert weiter schnurstracks Richtung Europameisterschaft '96 in England. Gegen die erschreckend schwachen Moldawier boten Bertis Buben endlich die lange angekündigte Fußballgala. Jeweils zwei Tore der Dortmunder Sammer (24./72.) und Möller (47./61.), eins von Thomas Helmer (18.) sowie ein Eigentor von Sergej Stroenco (16.) waren beste Unterhaltung für 18.500 Zuschauer in Leverkusen. Der späte Ehrentreffer durch Rebeja (82.) blieb ein Schönheitsfehler.

Die deutsche Elf zeigte, daß sie auch ohne Lothar Matthäus und Mario Basler zu Höchstleistungen fähig ist (auch wenn's weniger zu lachen gibt). Der so oft gescholtene Andreas Möller glänzte als Regisseur und Vollstrecker und dürfte seinen Makel des "ewigen Talents" erstmal abgelegt haben (schade eigentlich...). Lediglich Jürgen Klinsmann agierte unglücklich, Babbel vergab einen an Babbel verursachten Foulelfmeter und blieb auch sonst ohne Torerfolg.

R.A.F.

Foto: Mama Möller

Andi Möller freut sich über seine Tore...

WIR HABEN GEWONNEN, WIR HABEN GEWONNEN...
SCHWEINE
DER SIEG WAR VERDIENT. ABER IHR SEID IMMER NOCH NICHT QUALIFIZIERT!
ABER WIR SIND DOCH ZWEITER IN UNSERER GRUPPE... – ODER WAS?
JAHAAAA! ABER NICHT JEDER ZWEITE IST AUTOMATISCH FÜR ENGLAND QUALIFIZIERT, LIEBER BERTI!
KIPFERLN
SAHNEBAISER
MANDELHÖRNCHEN
RUMKUGEL
GUGELHUPF
RAINER! IST DAS WAHR, DASS WIR NOCH NICHT QUALIFIZIERT SIND???
JA, CHEF! ALSO, SO RICHTIG HAB' ICH DAS AUCH NICHT VERSTANDEN. ABER ES IST WOHL SO, DASS DIE SCHLECHTESTEN GRUPPENZWEITEN NOCH EIN ENTSCHEIDUNGSSPIEL MACHEN MÜSSEN. ICH HAB' SCHON DAS MAX-PLANCK-INSTITUT BEAUFTRAGT, DAS AUSZURECHNEN!
SCHRILL!

MAX-PLANCK-INSTITUT...-WAS FÜR'N QUATSCH! ...HALLO? HIER HANS-HUBERT... OH, HERR REHHAGEL ...JA, DANKE ... UND SELBST?...
MEEEHMET!
WEISST DU, WER MICH GERADE ANGERUFEN HAT? OTTO REHHAGEL, DEIN TRAINER! WAS IST DENN DA LOS BEI EUCH BAYERN?
ICH HAB' IHN BLOSS GEFRAGT, WO DIESES ENGLAND LIEGT...
RAAAINER!!
ICH WEISS, CHEF, MEHMET IST RAUS FÜRS NÄCHSTE SPIEL!

NOCH WAS, CHEF: WIR HABEN NACHRICHT VOM MAX-PLANCK-INSTITUT!
KLAR, 'NE SCHWALBE!
WAR 'NE SCHWALBE!
KRETINS!
SOB!
UND? WAS IST? SIND WIR SCHON QUALIFIZIERT??
DAS KÖNNEN SIE UNS AUCH NICHT SAGEN... ABER SIE HABEN 'NE RECH-NUNG GESCHICKT... FÜR 'NEN NEUEN GROSSRECHNER!

ALSO: WENN DÄNEMARK GEWINNT UND DIE FARÖER INSELN UNENTSCHIEDEN SPIELEN, MÜSSEN WIR...
√7... BRAUCH' ICH DIE?
ZWEI MAL DREI PUNKTE MACHT SECHS ... – NEIN, FÜNF PUNKTE ... ODER DOCH SECHS ??

100 METER MAL 22 PUNKTE DURCH VIER MAL SCHUHE PUTZEN ...
DFB
Wir:
22+3 =
Holland:
17+3+3 =
WENN ALLE VERLIEREN UND WIR GEWINNEN, DANN FAHREN WIR BALD IN DIESES ENGLAND ....

JETZT IST SCHLUSS MIT DER LEIDIGEN RECHNEREI !! WIR GEWINNEN GEGEN WALES UND BULGARIEN, DANN SIND WIR AUF JEDEN FALL FÜR ENGLAND QUALIFIZIERT !
WAMM
IRGENDWELCHE EINWÄNDE ?
ICH SEHE, IHR SEID GEREIFT ! WIR HABEN ENDLICH EINE HACKORDNUNG.
ICH REDE, UND IHR SCHWEIGT !

KLAR WEISS ICH SCHON, WO ICH NÄCHSTE SAISON SPIELE. ABER DAS WISSEN NUR GUTE FREUNDE...
GUCK MAL, ICH HAB' NE KARTE VON MARIO BEKOMMEN, AUS MAILAND. SIEHT SO AUS, ALS OB ER DEMNÄCHST BEI INTER SPIELT!
?
DAS HAT NICHT VIEL ZU SAGEN... ICH HAB' EINE VON IHM AUS TURIN. ER KANN AUCH ZU JUVENTUS GEH'N!
!
Torino
?!
!?
MEINE KOMMT AUS ROM. ER GEHT ZU LAZIO.
MEINE KOMMT AUS FLORENZ!
ICH HAB' EINE AUS PARMA!
!
!
MEINE IS' AUS GLASGOW!
ICH HAB' EINE AUS GÜTERSLOH.

KOMM SCHON, MEIN KLEINER, WAS IST LOS? WAR ICH NICHT IMMER LIEB ZU DIR? HAB' DICH IMMER GEWASCHEN, EINGERIEBEN...
SOGAR MASSIERT UND ... UND EINGEFETTET, UND JETZT?? IN ENGLAND, DA BIST DU NOCH GEFLUTSCHT WIE SELTEN...
SEUFZ!
UND JETZT KRIEG' ICH DICH NICHT MEHR REIN. WAS SOLL'N DIE DENN VON MIR HALTEN, DIE NENNEN MICH JETZT SCHON SCHLAPPSCHWANZ!
OOOOH!
ABER GEGEN WALES, DA GEHST DU WIEDER REIN, GELLE?

"Klinsi" trifft wieder!

2:1 (0:0)-Arbeitssieg in Wales - Jetzt "Endspiel" gegen Bulgarien

Cardiff (spo) - Theoretisch ist noch alles möglich: Gruppensieg, Qualifikation, aber auch Relegationsspiel. Der komplizierte UEFA-Schlüssel läßt der deutschen Fußballnationalmannschaft keine Atempause. Der gestrige Sieg in Wales sichert dem Team zwar endgültig Rang Zwei in der Gruppe, doch der bedeutet eventuell nur ein Relegationsspiel gegen den anderen schlechtesten Gruppenzweiten. Andererseits besteht im letzten Spiel gegen Bulgarien die Möglichkeit, Gruppensieger zu werden und für die Europameisterschaft in England gesetzt zu werden.

Gegen Angstgegner Wales konnte die DFB-Elf zwar nicht glänzen, aber durch den späten Treffer von Jürgen Klinsmann (81.) die erhofften drei Punkte mit nach Hause nehmen. Der Bayern-Spieler, der schon seit Wochen an Ladehemmung leidet, konnte endlich mal wieder ein entscheidendes Tor schießen. Zuvor hatten zwei Eigentore von Melville (75.) und Helmer (79.) dem Spiel Farbe verliehen.

Einigen Chancen des deutschen Teams standen bis dahin auch viele der Waliser gegenüber. In der 56. Minute konnte Libero Sammer für seinen schon geschlagenen Torhüter Köpke auf der Linie klären (siehe Foto). Später mußte der Ex-Kieler Köpke selbst bei einem Kopfball von Melville sein ganzes Können aufbieten.

Nach dem Schlußpfiff freute sich unser Bundesberti:"Das war ein hartes Stück Arbeit. Das Tempo war enorm. Und ich wußte es ja vorher: Der 'Klinsi' macht halt die wichtigen Tore." Die Pflicht ist nun erledigt, am 15. November folgt in Berlin die Kür gegen Bulgarien, die Revanche für die Hinspielpleite und die Viertelfinal-Niederlage bei der WM '94.

A.H.

Foto: Smith & Wesson

Matthias Sammer rettet auf der Linie für den schon geschlagenen Andreas Köpke

??

VERSTEHST DU DAS? WIR HABEN GEWONNEN UND SIND SO GUT WIE QUALIFIZIERT, UND DIE HÄNGEN HIER RUM UND SIND AM TIEFPUNKT.
HM...

BERTI, ICH SEH' DAS SO: DU HAST SIE MONATELANG GESCHEUCHT UND GEQUÄLT. JETZT SOLLTEST DU DAS PRINZIP "ZUCKERBROT UND PEITSCHE" ANWENDEN!
?!
DU MEINST, ICH SOLLTE SIE JETZT MAL RICHTIG RANNEHMEN! SO 100 KM WALDLAUF, 500 LIEGESTÜTZ, 6 STUNDEN...
ÄH... ICH DACHTE EHER AN ZUCKERBROT. LENK' SIE AB! BRING' SPASS IN IHR LEBEN! SIE HABEN VIEL FÜR DICH GETAN, NUN MACH' DU ETWAS FÜR SIE!

WAS MAN FÜR DEN ERFOLG NICHT ALLES ÜBER SICH ERGEHEN LASSEN MUSS ...
MEHR ROUGE, BERTI!
JUNGS, IHR HABT MIR TREU GEDIENT! DAHER HABEN WIR EIN KLEINES SHOWPROGRAMM ALS DANKESCHÖN ORGANISIERT!
TRÖÖÖT!
...BARFUSSLSS ODER SCH-SCHRAUBSTOLL'NLSSL...
MÖÖNSCH, DEN JUHNKE HAT ER GEHOLT!

JA, JA, IN SACHSEN DA WACHSEN DIE MÄDCHEN AUF DEN BÄUMEN ...
OH, MEIN GOTT! SIE SIND'S! DIE JA ... JA ... JAAA ...
DANKE! VIELEN DANK! ICH LIEBE EUCH ALLE!! NACH DEN JAKOB SISTERS GIBT RAINER JETZT JEDEM VON EUCH EIN KLEINES ZETTELCHEN FÜR DIE MORGIGE PRESSEKONFERENZ. BIS DAHIN: MACHT ES JUT!!
ICH HABE SIE SCHON IMMER GELIEBT ...
ICH SCHAUE MIR JEDEN AUFTRITT VON IHNEN AN. KÖNNTE ICH NICHT ETWAS BESONDERES VON IHNEN BEKOMMEN, DAS MICH IMMER AN DIESE BEGEGNUNG ERINNERT?
UPF!
UPF!
UPF!

JETZT MÖCHTEN DIE NATIONALSPIELER EINE ERKLÄRUNG ABGEBEN!
BERTI
BONHOF
SAMMER

"ICH ... ÄH... BIN STOLZ AUF..." –WAS STEHT DA?? ACH SO... "... AUF UNSERE MANNSCHAFT!"
WAR DAS O.K.?
DIE SCHUHE SIND TOPFIT!
DAS IST ABER AUCH EINE SAUKLAUE! "ICH HABE... ÄH... JETZT DIE KONSTANZ UND GEHE MIT MEHR" – AU!
NIE WIEDER JAKOB-SISTERS!

BEI MIR STEHT: "IN DER MANNSCHAFT STECKT CHARAKTER!"
!
"WIR HAU'N DIE WEG, DIE BULGAREN!"
?
PSST! DAS IST JÜRGENS TEXT...
GIB HER!! ALSO: "WIR HAU'N DIE WECH, DIE BULGAREN!"
GRABSCH!
DEUTSCHER FUSSBALLBUND
DFB
...:RÄUSPER:: "JETZT WERDEN WIR GRUPPENSIEGER!"
SO! ZUM SCHLUSS UNSERER PRESSEKONFERENZ DARFST DU DEINE FRAGE STELLEN, HERIBERT!

DANKE, BERTI! ICH WILL MAL SO SAGEN, PERLT UM SIE HERUM SCHON DER CHAMPAGNER, ODER IST DAS NICHT GEFÄHRLICH WIE AUFSETZENDE BÄLLE, DIE WIE TOT NACH UNTEN PLUMPSEN, WILL SAGEN, WIRD ES...
!
SPÄTER...
...UM PLATZ ZWEI NICHT EINE MASSIERUNG GEBEN? ICH MEINE, SIE SETZEN SICH AUF DIE WOLKE, AUF DER SIE FLIEGEN. DA BEHERRSCHEN NICHT ALLE ZWEI STILARTEN, ZUNÄCHST DIE KLEINEN UND DANN DIE RIESENSCHRITTE BLABLABLA...
HABEN WIR ALLES BEDACHT
PRES
NUN JA... DU HAST ALLES NÖTIGE GETAN: GEHEIMTRAINING, PSYCHOLOGISCHE MOTIVATION, NEUE TEESORTE, SOGAR DIE STIMMUNG HAST DU AUFGELOCKERT... JETZT LIEGT ES AN DEN JUNGS!!
!
ALLERDINGS...
KRAM! WÜHL!
WAS??
DU HAST NOCH NICHT MEINE MAGISCHE VOODOO-GLÜCKSKRAWATTE! SIE MUSS AUF DER HAUT GETRAGEN WERDEN. HAB' ICH VON EINEM PRIESTER AUS PORT-AU-PRINCE!
SCHLUCK!

OLYMPIASTADION BERLIN : DEUTSCHLAND - BULGARIEN
0 : 0
MEINE DAMEN UND HERREN! WIR BEGRÜSSEN SIE ZUM ENT-SCHEIDENDEN EUROPAMEISTERSCHAFTS-QUALIFIKATIONSSPIEL DER DEUT-SCHEN NATIONALMANNSCHAFT GEGEN BULGARIEN. JETZT GEHT'S DRUM, JUNGS!!
DEUTSCHLAND AUF NACH ENGLAND!
Andi is' der Beste!
IDOS
NUMMER NEUN COMICS ET CETERA
AUCH SOLDATEN TRAGEN SPATEN HAHAHA!

47. SPIELMINUTE : 1:0 FÜR BULGARIEN, TORSCHÜTZE STOJTCHKOV!
HÄSSLERS HOME SPORTTASCHEN
ODI
76. SPIELMINUTE : 3:1 FÜR DIE DEUTSCHE NATIONALMANNSCHAFT, TORSCHÜTZE JÜRGEN ...
KLINSMANN
KLINSI
SCHWEINEBEINE GANZ ALLEINE
NO
DOR
HANS HUBERT
ASTADION BERLIN:
3:1
AUS! AUS! AUS! DAS SPIEL IST AUS! DEUTSCHLAND GEWINNT MIT 3 : 1 GEGEN BULGARIEN UND IST DAMIT GRUPPENSIEGER!!
DEUTSCHLAND!!
VTO

Deutschland reif für die Insel

Im "Spiel des Jahres" 3:1 (0:0)-Sieg gegen Vogts-Neurose Bulgarien - Häßler und Klinsi die Matchwinner

Berlin (spo) 75.841 Zuschauer im ausverkauften Berliner Olympiastadion sahen eine hochmotivierte deutsche Mannschaft, die sich auch durch einen 0:1-Rückstand (Stoitschkov, 47.) nicht aus dem Konzept bringen ließ. Durch diesen Sieg ist die Elf von Bundestrainer Berti Vogts nicht nur Gruppensieger, sondern wird auch eines der vier Teams sein, die beim Endturnier vom 8. bis 30. Juni 1996 in England gesetzt werden.

Zum "König Berlins" wurde der kleine Mittelfeldstratege Thomas "Icke" Häßler, der nicht nur das Spiel der deutschen Mannschaft in beeindruckender Weise führte, sondern auch das wohl entscheidende Tor zum 2:1 schoß (56.). Nachdem Klinsi zum Ausgleich noch die Hilfe des bulgarischen Abwehrchefs Dartilov benötigte (50.), machte "Icke" einen 16-m-Freistoß rein. In der 76.Minute konnte Türkei-Legionär Stefan Kuntz nach einem grandiosen Solo erst von Torhüter Popov per Foul gebremst werden. Den Foulelfmeter verwandelte Klinsmann sicher.

Ohne Andreas Möller (Hodenprellung) und Christian Ziege (Gelbsperre) zeigten beide Teams, daß ihnen jedes Mittel zum Sieg recht ist. Dieser ruppigen Gangart konnte vor allem Jürgen "Blutgrätsche" Kohler einiges abgewinnen und stürzte sich mit leuchtenden Augen ins Gewühl.

Erfreuliches am Rande: Nach der WM-Niederlage '94 und der Hinspielpleite konnte unser Bundesberti erfolgreich an seiner Bulgarien-Neurose arbeiten und vor mehreren vertrauensvollen Zeugen das Wort "Bulgarien" ohne zu Stottern von sich geben. Herzlichen Glückwunsch, lieber Berti! Befremdlich dagegen nach wie vor seine Frage, ob er die Flugtickets zur EM in England am Asien- oder Amerika-Schalter lösen müsse. Aber das wird sich hoffentlich auch noch klären...

R.I.P.

Foto: Hinnerk Rohde

Jürgen Klinsmann locht per Elfmeter zum 3:1- Endstand ein, Bulgariens Dimitar Popov hat sich die falsche Ecke ausgesucht

SMACK!!
GEWONNEN! GEWONNEN! WIR HA-HABEN GEWON-NEN, HURRA!
HURRA!
HAB' ICH'S NICHT GESAGT? HAB' ICH'S NICHT GESAGT?? WO IST DER TRAINER?
!
OH, OH! DEN MÜSSEN WIR IM STADION VERGESSEN HABEN...
MACK!

ODIDOS
HERMANN EHLERS
DVU - NEIN DANKE!
JEVER FOREVER
BAUER HARMS!
... DER KOMMT MIT ...
... DER KOMMT NICHT MIT ...
... DER KOMMT - ??
NA, NA, WER WIRD DENN KIEBITZEN? SIE ERFAHREN NOCH FRÜH GENUG, WER ALLES MIT NACH ENGLAND FÄHRT!
WO LIEGT DAS EIGENTLICH, TRAINER?
DU FÄHRST JEDENFALLS NICHT MIT, MEHMET!!
SCHLUCK!
MAL GANZ NEBENBEI: KENNEN SIE EINEN HANS-HERMANN KOWALEWSKI AUS RECKLINGHAUSEN? WISSEN SIE, WIE DER SPIELT?? ICH HAB' DA NÄMLICH EIN BEWERBUNGSSCHREIBEN...

NA, DANN NICHT !
...DER KOMMT MIT...
...DER NICHT...

JUNGS, WIR HABEN ES GESCHAFFT !! DIE QUALIFIKATION LIEGT HINTER UNS. WIR HABEN VIELE HÖHEN, ABER AUCH EINIGE TIEFEN GEMEINSAM DURCHGESTANDEN. ICH WEISS, WIR SIND EIN GUTES TEAM GEWORDEN. NEIN, KEIN GUTES, EIN SEHR GUTES !! JETZT KÖNNEN WIR VOLLER STOLZ NACH ENGLAND FLIEGEN...
IKARUS TOURS

WIR HABEN RUSSLAND, TSCHECHIEN UND ITALIEN IN UNSERER GRUPPE
DIE HAU'N WIR WECH!
ICH HOFFE, DU HAST ICKE DIESMAL AM RICHTIGEN SCHALTER ABGEGEBEN !?
AUF NACH ENGLAND !!
AUF NACH ENGLAND !!
AUF NACH ENGLAND !!
WO IMMER DAS AUCH LIEGT...

ABER DAS IST DOCH BLOSS SCHUH-PUTZZEUG!
DAS SAGEN DIE ALLE... AUSZIEH'N!

GUTEN TAG, VEREHRTE FLUGGÄSTE! HIER SPRICHT IHR KAPITÄN! ICH BEGRÜSSE SIE RECHT HERZLICH AUF UNSEREM FLUG NACH TAHITI MIT ZWISCHENAUFENTHALT IN NEW YORK .....
AUF NACH ENGLAND!!
ENDE?

EINE MELDUNG VOM SPORT: AUFGRUND AKUTER GEOGRAPHISCHER ENGPÄSSE HAT BUNDESBERTI HANS-HUBERT VOGTS ZWEI SPIELER AUS DEM HOHEN NORDEN NACH-NOMINIERT...
SPONHOLZ
MATHESDORF